Auf dem Zauberweg

Dieses Buch widme ich meinem Vater und meiner Großmutter, die mir gezeigt haben, dass das Leben ein fabelhaftes Abenteuer ist.

Alexej von Glasenapp

Auf dem Zauberweg

Gedichte und Geschichten

Bibliografische Information der Deutschen Nationalbibliothek:
Die Deutsche Nationalbibliothek verzeichnet diese Publikation in der Deutschen Nationalbibliografie; detaillierte bibliografische Daten sind im Internet über http://dnb.dnb.de abrufbar.

Illustration: Bild von Fotolia

Herstellung und Verlag: BoD – Books on Demand, Norderstedt

ISBN: 9783734792908

Vorwort

Wie kam es eigentlich zu diesem Buch? Ich möchte drei Personen nennen, die maßgeblich zu diesem Buch beigetragen haben. Zuerst möchte ich meine Großmutter, Gisela von Glasenapp, erwähnen. Sie hat im Alter von 94 Jahren meine Gedichte mit Freude gelesen und die Rechtschreibung korrigiert. Sie hatte die Gabe, zwischen den Zeilen der Gedichte Parallelen zu meiner eigenen Lebensgeschichte zu sehen. Meine Großmutter wurde in Frankfurt geboren und kam mit 17 Jahren nach Brasilien.

Zwei weitere Personen, die dieses Buch unterstützt haben, sind Eveline von Pfeil und Walter Bernotat. In ihren ehrenamtlichen Positionen als Vorsitzende und Vize-Vorsitzender des Vereins Literatenrunde in Karlsruhe haben sie mein Schreiben ermutigt und mir viele gute Ratschläge gegeben. Ohne diese ermutigenden Worte wäre es wahrscheinlich nicht zu diesem Buch gekommen.

Ich hoffe, dass die Gedichte und die Geschichten dieses Buches innere Türen des Lesers öffnen und zum Nachdenken anregen.

Koblenz, 5. April, 2014

Inhaltsverzeichnis

GEDICHTE UND GESCHICHTEN

Der Zauberkasten

Mit fünf erbaute ich
mit kleinen bunten Klötzen
eines Zauberkastens
das Spielzeug meiner Phantasie.

Ich baute ein kleines Automobil,
das stolz durch die Flure glitt,
leuchtend, glitzernd rot.
Mein Hupen diente der Vorfahrt.

Ich schuf eine rauchende Lokomotive,
die Passagiere mitnahm wohin sie gelangte
und sie dann auslud am nächsten Bahnsteig,
doch auch manchmal entgleiste
je nach ihrer Laune.

Ich fertigte ein Flugzeug
und nahm es zärtlich in meine Hand.
So flogen wir in hohen Bogen über mein Bett,
über die auf den Boden gestreuten Zinnsoldaten,
zwischen den Johannisbeerbüschen im Garten
und landeten oft im Birkenlaub.

Mit fünf bestückte ich
ein funkelndes Raumschiff,
das meine Lebensbahn begleiten sollte.

Schlüssel unseres Vertrauens

Manchmal betrachte ich
deine Gedanken,
obgleich wir uns gar nicht kennen,
doch ich sage nichts,
denn wir haben
den Schlüssel unseres Vertrauens
noch nicht gefunden.

Und ich kenne Augenblicke -
da höre ich sogar ungesagte Worte,
ertappe Blicke,
die deutlich zu mir sprechen,
dennoch wage ich nichts zu sagen,
denn wir kennen einander
noch zu wenig
um unseren Mut zu beweisen.

Und es gibt Momente,
in denen ich dich und deine Welt
mit Klarheit erkenne,
deine Nähe spüre.
Und wir fangen an zu sprechen
ohne jegliche Tabus,
ohne beschworene Hindernisse,
stellen ungewohnte Fragen
und erhalten Antworten
als hätten wir uns
immer schon gekannt.

Im Tierkreis

Was wäre wenn
unsere geistigen Augen
von einem äußeren Schein
so geblendet wären
dass nur wenige Weise
mit bloßen, tastenden Händen
die Glieder eines Tieres
umfassten, eines Tieres
größer als der Walfisch,
älter als das Mammut
und hingebungsvoller
als der Delphin.

Jene, die dem Wesen
am nächsten wären,
würden seinen Hauch spüren
und sein Ausmaß ahnen.
Könnten sie die Glieder
miteinander vergleichen,
würden sie sich wundern
wie das Riesentier wohl aussähe.

Diejenige, die mitten
im Geschehen weilten,
würden den Tierbändigern
Glauben schenken
und dann zu Willen sein,
während diejenigen,
die sich am Rande aufhielten,
aus Missmut oder im Zweifel
nicht zum Kern zu gehören,

den äußeren Ring durchbrechen
und als Abergläubige gelten würden.

Und so würden sie alle
das mächtige Tier umkreisen,
sich verbinden und sich beziehen
mit, auf und zu einander
in einem in sich drehenden Kreis
von menschlichem Urvertrauen.

Mein kleiner Schatten

Er begleitet mich,
wo immer ich gehe,
verfolgt meine Schritte,
klammert sich an meiner Seite,
klebt an meinem Leibe,
schnuppert meinen Atem,
verkriecht sich
in meine Achillesferse.

Verspielt ist sein Wesen.
Sobald ich seine Nähe spüre,
drehe ich mich um
und im Nu ist er weg
denn er mag die kleinen Spielchen.

Sobald Lichterstrahlen
den Raum durchfluten,
schlüpft er schleunigst unter das Bett
und weilt dort bis es dämmert
denn das Zwielicht ist
seine Zuflucht und sein Zuhaus'.

Mal hält er seinen Kummerkasten
ganz dicht an mein Ohr
und sein Leidenslied tönt
wie eine alte, verkratzte Schallplatte,
die ihre Stimme verloren hat.
Bald schwindet der Unton
und mit ihm die Erinnerung,
als habe es ihn nie gegeben.

Mal taumeln wir im Morgengrauen.
Ich bücke mich und lasse ihn
über meinen Rücken springen.
Dann steige ich
über seine dunklen Ecken
und schattigen Seiten hinweg,
denn im Schein meines Augenlichts
sind sie winzig und klein.

Zwei Schwestern

Wäre nicht die erste Schwester,
dann gäbe es nicht die zweite
und sie verdiente auch nicht den Namen,
der ihr verliehen wurde.
Wäre denn eine Schwester
voll und ganz eine Schwester,
hielte sie sich für ein Einzelkind?

Ich hob den finsteren Schleier,
der uns mit Unmut umgarnt,
entzog mich den lauernden Lockrufen,
die uns zu Umwegen verleiten,
besann mich einer tieferen Wahrheit
und gelangte so zu einer Erkenntnis.
Und ich gab ihr den Namen Einsicht.

Die wundervolle Zauberkunst,
menschlichen Spott und Bann
in gegenseitiges Vertrauen zu verwandeln,
statt eine verdiente Rüge zu erteilen,
war meine nächste und zugleich
mächtigste Errungenschaft.
Und ich nannte sie Nachsicht.

Ohne das kleine Schwesterlein,
wäre da nicht die Erstgeborene
verhalten und allein?
Und ohne die große Schwester
wäre da nicht die Kleine
eine verlorene Hälfte
und nur die halbe Wahrheit?

Zeichentrick

Der Punkt meines Satzes
ist kein Schlussstrich.
Er pausiert nur und läuft dann weiter
im Sinne seiner Idee.
Das kleine Komma dagegen
fügt winzige Facetten zu einem Würfel,
hebt ihn hoch und wirft ihn ins Geschehen.
So meldet sich der Binde-Strich
denn er mischt so gerne mit,
verbindet ein Element
mit dem anderen.
Auch die runden Klammern
reihen sich zwischen die Spielgefährten
(spielen aber nur
mit ihrem eigenen Spielzeug).
Die Anführungszeichen
machen auf sich aufmerksam:
"Hallo, hier sind wir"
so dass alle sich umdrehen.
Der Doppelpunkt kündigt an:
"Ich verkünde die Wahrheit
und nehme kein Blatt vor den Mund."
Die winzigen Pünktchen erwidern:
"Was soll man dazu sagen....
Nur wir sind es, die immer punkten".
"Wieso seid ihr denn alle so verschieden?"
fragt verwundert das Fragezeichen.
"Wie legen die Steine unseres Satzbaus
nach den Regeln unseres Alphabets!"
erklärt mit Nachdruck das Ausrufezeichen,
denn es behält immer das letzte Wort.

Die Zirkuszwerge

Kennst du jene kleinen Zwerge,
deren körperliche Größe
im Gegensatz zu ihrer Bosheit steht?

Mit abgekarteter Fingerfertigkeit
bringen sie das ahnungslose Publikum
aus seiner feinen Fassung.
Wenn der Löwenbändiger
sich vor den Löwen verschanzt,
ergreifen sie die Gelegenheit
und öffnen unbemerkt die Käfigtür.
Und sobald der Dompteur
für einen Augenblick
den Bären außer Acht lässt,
reichen sie dem Tier heimlich Futter
und sprechen ihm Unmut zu.
Wenn dem starken Mann
die großen Hanteln entgleiten
und er sich einen Zeh zerquetscht,
gucken sie munter in die Manege,
kichernd und schmunzelnd verdeckt,
mit der Hand vor dem Mund.
Bei mancher Abendvorstellung
schleichen sie inkognito
zwischen die Zuschauerreihen.
Doch sie lassen sich dabei
auf frischer Tat ertappen,
denn wenn der Trapezkünstler
in der letzten Akrobatiknummer
auf dem Seil das Gleichgewicht verliert
und hilflos zu Boden stürzt,

das erschreckte Publikum
aus vollem Halse schreit,
höre ich ihre kleinen Hände
eifrig Beifall klatschen
und ihren schrillen Stimmen
„bravo" und „da capo" schreien.

Mittlerweile sind die Zwerge
auf dem Gipfel des Erfolgs.
Sie gehen auf Welttournee
und treten überall auf,
in Berlin, Paris und in New York,
sogar in meiner Stadt
und vielleicht auch in deiner?

Im rechten Lichte

Ich möchte dir mein Bild schenken,
nicht so, wie ich dir vielleicht erscheine,
sondern ein innigeres und tieferes Bild.

Ich wünschte ich könnte dir
das Fotoalbum zeigen,
mit schwarz-weißen Aufnahmen
meiner frühsten Kindheit, Bilder
einer strotzenden Jugend,
erfüllt von grinsenden Gesichtern
und trauernden Mienen
und auch jene von erfassender Stille,
die mich geprägt hat.
Und du würdest jeden Ausdruck
in dir aufnehmen
und dir dein Bild von mir machen.

Ich wünschte ich könnte dir dann
ein Gemälde malen -
in dem meine innersten Gedanken
über einem gespannten Tuch schweben,
in dem ein Pinsel mit
schimmernden Farben
und kleinen, haftenden Flecken
auf einen weißen Hintergrund treffen,
um mein Selbstporträt zu erzeugen.

Und wenn du all dies
mit eigenen Augen
wahrgenommen hättest,
würdest du mich dann
im rechten Lichte sehen?

Sie sind alle willkommen!

Ich heiße willkommen
all jene ungebetenen Gäste,
die so lange auf eine Einladung
gewartet haben und sich nicht
vor meiner bunten Bühne scheuen.

Ich begrüße
die verjährten Reichen
und die Bettler von morgen,
die gesunden Krankhaften
und die verzweifelt Suchenden,
all jene unerwünschten Waisen
unseres Gewissens.

Ich öffne die Haustüren
der unbequemen Wahrheit,
der geschickten Halblüge
und den falschen Fisimatenten,
den mutmaßlichen Übeltätern,
deren Schuld noch nicht bewiesen ist
und den vermeintlichen Wohltätern,
die so gerne den Anschein wahren.

So stolpern sie in mein Vestibül herein
und zeigen ihr Schuhwerk:
die hochkarätigen Absätze
und die bequemen Pantoffeln,
die kleinen lässigen Sandalen
und die Leder auf großem Fuß.

Sie sind alle willkommen;
die grellen Lichter und die Reingefallenen,
die Klugredner und die Besserwisser,
die Verwahrlosten und die Unverbesserlichen
und kein schnüffelndes Trüffelschwein vermag
den einen oder anderen Besucher
in seinem Wesenskern zu erkennen,
denn sie sind alle nur allzu menschlich.

Der einengende Kreis

Gefangen im Gewinde
eines gewaltigen Karussells,
drehen wir uns um unsere eigene Achse,
kehren immer wieder
zum Ausgangspunkt zurück
ohne je eine Ziellinie zu überschreiten.
Wir plappern und plaudern dit und dat
wie der federbunte Papagei,
zerreden was uns wichtig
oder auch nichtig erscheint,
pflegen die alten Redewendungen
und die auswendig gelernten Floskeln,
benehmen uns nach Etikette
und handeln nach Vorschrift
weil wir nie zu hinterfragen wagten.
Wir mauern uns ein,
errichten mit eigenen Händen
die Pfosten und Zäune um unser Gehege,
bis zu jenem Tag,
an dem der einengende Kreis
uns zu klein erscheint
weil wir ihm im Geiste gewachsen sind.

Das vorteilhafte Vorurteil

Ich habe in letzter Zeit bemerkt,
dass ich die Zielscheibe
vorteilhafter Vorurteile bin,
denn die Verursacher
erscheinen mir freundlicher
und zuvorkommender
als ich es erwarten könnte.

Inzwischen sind die Wohlgesinnten
zu meinen Gönnern geworden
und meinen Vorbildern aufgestiegen,
denn würden wir wie sie,
bei jedem Fremden
immer den guten Vorsatz erkennen
und die ruhende Begabung sehen,
um sie zu wecken, wären wir doch
im Grunde stets unter Freunden
und das herabschauende, kleinliche Urteil
wäre eine selten gewordene Art,
der Ausrottung droht, und ohne Bedeutung
in jeder zwischenmenschlichen Beziehung.

Seit dem ich mein glückliches Los erkannte,
gebe ich offen zu, ein Genießer
eines verdienten Segens zu sein,
denn meine großzügigen Wohltäter
sehen über meinen äußeren Anschein hinweg
und erkennen meinen Kern.

Den Vermutungen verfallen

Überfallen von Gefühlen
von Recht und Unrecht,
entscheide ich mich schließlich
nach eigenem Gewissen.
Ich mute mir zu, anzunehmen
was ich nicht mit Sicherheit weiß,
um meine eigene Erfahrungen zu machen
und so über die Runden
meines begrenzten Verstandes zu kommen.

Dann höre ich die Nachbarn
hinter meinen Rücken reden,
dass ich ein Störenfried sei,
denn ich gehe unbefangen
meinen Vermutungen nach,
handle nach bestem Gewissen und nicht
den vorherrschenden Vorschriften entsprechend.
Und ich bemerke, dass meine Nachbarn
geschickt meinen Weg
und die Auseinandersetzung meiden.

Wenn ich dann versuche
ihnen zu erklären, dass ich durchaus
meine eigenen Schlüsse ziehe
und meine eigenen Entscheidungen treffe,
sehen sie mich misstrauisch an
und verweisen wohlmeinend
auf die neusten Erfolge
bei der Behandlung mit Elektroschocks
und meiden weiter meinen Weg.

So habe ich mit der Zeit gelernt
die meisten zwischenmenschlichen Probleme
zu umgehen und zu entweichen,
indem ich einfach vorgebe zu wissen,
was jeder von mir erwartet
und mich einverstanden erkläre
mit jeder verwirrenden Regel.
Obgleich verlogener
und ignoranter als je zuvor,
bin ich jetzt stets in geselliger Begleitung,
überaus menschlich und beliebt.

Zum Nachdenken

Wenn bloße Etikette
jemanden vornehm macht
ohne die Regeln beim Namen zu nennen,
wenn alle den Ritualen folgen,
doch nur wenige ihrer Bedeutung,
wenn das Auswendiggelernte
als Wissen gehandelt wird,
wenn Bekanntheit und Charakter
zum Verwechseln ähnlich scheinen,
wenn eine selbstgestrickte Geschichte
als durchaus plausibel gilt,
wenn tiefgründige Fragen
absichtlich gemieden werden,
weil sie unbequem sind,
kennen wir dann noch
das Ziel unserer Reise?

Die Kurzlebigkeit eines Eiswürfels

Ich habe mich verfroren -
an der üblen Art wie du von oben her
auf mich herab schaust,
an deinen Sprüchen,
die über mich herfallen,
an deinem Nullpunkt, der mich packt
und ins dunkle Kühlfach wirft.
Die vergessene Vanilleeis-Schachtel
war mein einziger Zeuge.

Du hast mich zerhackt
zu kleinen Brocken,
Zutaten zu deinem Verzehr
und mich unbeachtet
ins grelle Cocktailglas fallen lassen.
Meine Nähte sind zerrissen,
meine Substanz ist zerschmolzen,
zu Schaum und Schlieren zersetzt.
Zuletzt hast du dein Glas
vor allen Gästen gehoben
und ohne mich eines Blickes zu würdigen
mich ganz und gar geschluckt.

Weggefährten meiner Wahl

Ich suche
einen Weggefährten,
der mir zur Seite steht
im Hagel und im Sturm,
jemand mit dem
ich Pferde stehlen kann,
ohne je ertappt zu werden,
jemanden, der mir alle meine Fehler
aus Herzen vergibt,
doch nicht so unklug
sie zu übersehen.

Ich suche
ein vorbildliches Ebenbild,
das mir nicht ins Auge sticht,
das mir vertraut und mich versteht,
wenn meine Stimmung
im Sande versinkt,
das mich gleich wieder hochzieht,
wenn ich am Boden liege,
das meine tiefsten Gedanken vernimmt,
wenn ich in mich gehe.

Ich suche
ein ebenbürtiges Gegenüber
mit gleichem Maß
an Charakter und Einsicht,
Ruhe, die keine Langeweile kennt,
Freimut, der nicht überdreht,
einen treuen Begleiter,
der sich die Sterne wünscht,

doch bescheiden genug
um unauffällig zu wirken.

Ich suche
Vertrauen und Verletzliches zugleich,
Mut und Sanftmut,
Stille und Sporn.
Ich suche einen Anspruch
durch deinen Widerspruch.

Die eindringliche Kältewelle

Wenn ich in den dicken Pelzmantel schlüpfe,
vermag ich in Iglus zu übernachten,
mit den Nachbarkindern
den ganzen Tag Schneemänner zu bauen,
um dann unter der Nachmittagssonne
auf dem eisigen See Schlittschuh zu laufen
bis die Dunkelheit anbricht.

Doch, wie warm muss ich mich kleiden,
wenn die fesselnde Kälte
nicht im Winde weht
und sich nicht mit Eiszapfen bewaffnet,
sondern eisige Stöße
unter die Haut drängen
durch schräge, herabgleitende Blicke
und abfällige Bemerkungen
im falschen Ton?
In welchen Mantel kleide ich mich dann?

Dann hülle ich mich
in ein noch wärmeres Gewand,
der biederen Außenwelt angepasst,
in einen widerstandsfähigen Stoff,
der sogar gegen menschliche Gefrierpunkte,
Ausgrenzungen und Entzugsgewalten
die Stellung hält
und erglühe so im Funken
meiner unverwüstlichen Hoffnung.

Der Wanderweg

„Wohin wandern wir?
Wo lang windet der Weg?"
wollte ich wissen.
Der Wärter wog seine Worte
und erwiderte dann:

„Wir wandern
einen Weg der wärmenden Wonne,
weil er Wagemutige weist,
weil Wandern Wagen ist.

Wir wandern,
wenn wir Ungewogenes
in einer Waagschale wiegen
und zur Ausgewogenheit bewegen,
wenn wir Ungewagtes
in Wagnis wandeln,

Wir wandern,
wenn wir Bewährtes wahren,
wenn gewaltige Winde um uns wehen,
wenn wundersame Wälder
unsere Wächter sind.

Wir wandern,
wenn wir erwachen
und das Weite wollen,
weil der Wanderweg
schon in uns weilt."

Der Grundstein

Ich kannte einst Wünsche,
spröde und sanft,
demütig und bedacht,
schüchtern wie nüchtern,
doch schob sie zur Seite
geblendet von großen,
dramatischen Schritten,
vollzogen mit Kühnheit und Eleganz.

Ich verfiel verführerischen Träumen,
sehnte mich nach ihrer Erfüllung
und lief so in eine Sackgasse
von falschen Versprechungen.

Erst langsam wurde mir bewusst,
dass auch Meisterwerke
im Grunde doch
aus kleinen Bausteinen bestehen,
so wie die höchsten Brücken,
auf einem Fundament
von Kies und Sand beruhen.

Und ich ließ mich erneut
von sanften Sehnsüchten
getreu begleiten
und gelangte so zu meinem Ziel,
denn jeder Wunsch
und jede Sehnsucht,
ob groß, ob klein,
ob mutig oder verträumt,
jedes Element baute auf das andere,

erschuf das nächste
und vollendete so
den zuerst gelegten Grundstein.

Kleine rollende Augen

Kleine rollende Augen
schauen mich schief an,
löchern mich mit Missgunst,
betrachten und belangen mich
mit ihrem finsteren Tunnelblick,
reden so ein maßloses Zeug
hinter meinen Rücken,
beurteilen mich und urteilen
über mein Wohl.

Kleine rollende Augen
drehen und verdrehen sich
um ihre schrägen Achsen,
wandern belanglose Bahnen,
irren und verirren sich
und kehren immer wieder
verkommen und verloren zurück,
denn sie haben längst
die Weitsicht verloren.

Und wenn ich
ihren kleinlichen Blicken begegne,
flattern ihre Augenwimpern
flink und flott in alle Richtungen
wie flüchtende Schmetterlinge
auf der Wiese vor dem Sturm,
bis sie schließlich
meinem Sichtfeld entfliehen.

Lebensreise

Ich bin ein Leben lang gereist,
wurde hin und her getragen
wie eine winzige Pflanzenwurzel,
stets in neue Erde eingebettet.
Ich wurde aus meiner Kindheit gerissen,
und von meinen Eltern
über den Globus getragen.
Ich kannte stets neue Weltanschauungen,
reiste von einer Kultur
in ein anderes Gedankengut,
von einem Kontinent nach Übersee,
von einer Insel zu einer anderen, größeren,
mir unsichtbaren.
Ich spielte mit auswärtigen Mannschaften,
arbeitete in fremden Schichten,
lebte in abseitigen Zimmern,
und entfloh sogar einst der Kehrseite
eines riesigen Elefanten
und ging in den Exodus.
Ich suchte Anerkennung und Asyl
und wurde von Abschiebung bedroht,
doch im letzten Moment
aus guten Gründen begnadigt
und mir wurde Bleiberecht gewährt.
Ich besuchte Integrations-
und Einschulungskurse,
bis ich schließlich alle Fangfragen
treffend zu beantworten wusste
und mein Integrationswille schließlich
amtlich bezeugt und bescheinigt war.

Weihnachtstumult

Auf dem Weihnachtsmarkt
suchte ich eine Puppe für meine Tochter,
einen Roman für Tante Anna
und Schlittschuhe für meine Nichte
und kam an die Grenzen
meiner mangelnden Geduld.

Auf dem großen Platz kam mir eine Armee
bewegter Beine und aufgeheizter Gemüter,
blutroter Kappen und weißer Bärte
aus alle Ecken entgegen und mir schien es
wie ein großer Feldzug
vor der letzten Schlacht.

In der Spielzeugabteilung
entstand ein großes Tumult
und meine Brust wurde zwischen
pilgernden Kundenscharen,
den Wänden und Regalen gedrückt
und ich musste mich
und meine mühsam erbeuteten Geschenke
mit Händen und Füßen verteidigen.

Im Gemetzel des Geschäfts
fiel mir die Schuhgröße meiner Nichte
aus meinem bewegten Sinn
und ich gewann die Größe erst wieder
nach eindringlichen Telefonaten
bei hektischen Verwandten.
Zuletzt machte sich meine Geduld bezahlt.
Erschöpft vom Eifer des Gefechts

doch innerlich vom Weihnachtsgeiste erfüllt
stieg ich triumphierend empor.
So verpackte ich endlich
die ergatterten Gaben
mit silbernen Sternchen und roten Schleifen
am Vorabend des großen Andenkens.

Tag und Nacht

Es gibt Träume,
die mir beim Erwachen entfliehen
und die, die beharrlich
an meinen Leib rütteln.

Es gibt Träume,
die auf das Geschehene hinunter blicken,
andere, die in die Ferne schauen,
und wieder andere, die in der Gegenwart
ihre Räume errichten.

Sie sind Schwester und Bruder,
Zwielicht und Sonnenstrahl,
Einsicht und Aufbruch.
Sie ersehnt, während er erfindet.
Er geht in ihrem Bewusstsein auf,
sie in seinem Unbewussten.

Ich kenne Träume,
die sich klammern
und solche, die sich allmählich auflösen
und die, die wir hüten und hegen,
weil sie über uns wachen.

Ich habe Träume erlebt,
die die Welt erobern wollen
und die, die mir Sanftmut schenken,
die, die laut zu mir sprechen
und die, die leise wirken.

Ich weiß von Träumen,
die im Sonnenlicht verblassen,
andere, die erst bei Kerzenlicht
ihre wahre Form finden,
und von denen, deren Größe unfassbar ist.

Ich erkenne Erträumtes
in dir und deinetwegen,
in mir und durch mich,
denn es ist dein Gut
und mein keimender Samen.

In diesen Tagen

In diesen Tagen
ist der Appetit größer als der Hunger,
der Magensack runder als der Tellerrand
und die fortschreitende Fettleibigkeit
ein schwellendes Massengeschwülst
außer Rand und Band.

Heutzutage
sind Gier und Geiz gängigen Größen,
die Mängel an Bemängeln
und Meckereien ein offenes Lob
und die Zeichen der Freundschaft vergessen.

In dieser Zeit
nennt sich das Fuchsige flink,
scheint das Listige und Hinterlistige geläufig
und die rüde Rauheit die goldene Regel zu sein.

Deine und meine Sorgen
und die ungewisse Zukunft unserer Kinder
sind nicht an der Tagesordnung
und werden nicht am Podium vorgetragen.
Sie haben sich verängstigt
hinter den Zuschauerreihen verkrochen
und finden kein Gehör.

Wieso nützen wir
nur einen Bruchteil unseres Verstandes
und ermessen uns weise,
nur einen Hauch unserer Kraft
und schätzen uns mächtig,
nur eine Unze unserer Seele
und glauben glücklich zu sein?

Zwei Charaktere

Ich habe letztlich im Café
zweierlei Charaktere kennen gelernt,
wie sie unterschiedlicher
nicht hätten sein könnten:
den bewusst Unbewussten
und den unbewusst Bewussten.

Der bewusst Unbewusste
gibt gerne den Ton an
ohne wirklich Tiefgründiges zu sagen,
lässt aber zwischen den Zeilen erkennen,
dass er im Grunde wenig weiß.
Der unbewusst Bewusste dagegen,
ist froh einfach unter Menschen zu sein,
ohne seine Lebensweisheit
angeben zu wollen und scheint mir
ein noch größeres Rätsel.

Der bewusst Unbewusste
ist einsichtsvoller als der unbewusst Bewusste,
denn er kennt seine vielen Mängel
und weiß sehr wohl,
dass er nichts richtig weiß,
während der unbewusst Bewusste
von seinem großen Wissen nicht weiß.

Obgleich der unbewusst Bewusste klüger ist,
ist er trotzdem unbeholfen,
denn er ist nicht fähig zu führen
und auch niemand würde ihm folgen,
denn sein Wesen ist unscheinbar.

Er wird oft von den Nachbarn
als unheimlich gesehen
und wegen seiner besonderen Art gehänselt.
Sie nennen ihn Trottel und Idiot.
Der unbewusst Bewusste jedoch,
kennt für seine Gefährten
keine Spitz- und Rufnamen,
denn er ist von Natur aus
wohlwollend und bescheiden.

Irrtümer

Ich bemängelte eifrig
die Flecken auf deiner Bluse,
bemerkte aber nicht
meinen falschen Ton.

Ich blickte mit Scheinwerferlicht
auf deine Makel,
doch hielt dabei sorgfältig
die meinen verdeckt.

Ich rief energisch
nach Verständigung und Toleranz,
doch verfiel ich
meinem eigenen Monolog.

Ich wiederholte erregt
was sie und er
über dies und jenes gesagt,
und verschluckte mich dabei.

Ich folgte unbedacht
einem markierten Pfad,
als ich meinen Kompass verlor
und mit ihm die Himmelsrichtung.

Geschichtsstunde

Manchmal ist eine gefeilte Fälschung
eine spannende Geschichte
und manchmal ist eine Geschichte
eine wahre Fälschung.

Obgleich eine Minderheit
sie als Lüge kennt,
ist es aus politischer Sicht
korrekter und auch diplomatischer
sie einfach Geschichte zu nennen.

Der Linke ist stets der Gegner des Rechten,
ob frei oder unfrei,
dies erscheint erst im Feingedruckten
des politischen Modellbaus.

Ich erzähle dir meine Geschichte
und du erzählst mir deine,
und so bescheren wir uns gegenseitig
kleine Sahnetörtchen
mit leicht verdaulicher Fassung
und delikater, schmackhafter Verzierung.

Heutzutage werden die abenteuerlichsten
und die ausgefeiltesten Geschichten
vom Podest aus und im Unterricht
als Geschichte erzählt.

Musikprobe

Der kleine Kammerchor singt verstimmt,
trifft ab und zu einen Ton.
Die zweite Geige fällt aus dem Takt,
verfehlt ihr Intermezzo
und die Rückkehr in die Harmonie.
Dann stößt das blöde Horn
das Feingefühl aus ihrer Fassung.
Die Trommel wirbelt Mut in der Truppe,
doch der Dirigent hat die Untöne satt
und schlägt mit dramatischen Hieben
der musikalischen Prüfung das Aus.

Klarheit und Wahrheit

Klarheit und Wahrheit
stehen sich gegenüber
und zugleich neben einander
wie sich bekämpfende
und sich ergänzende Elemente.

Die Klarheit deutet dramatisch
auf die gestreuten Fakten,
sammelt sie achtsam auf, nimmt sie
zwischen Finger und Daumen,
und erstellt Modelle in Miniatur,
die uns lebendig erscheinen.
Sie verleiht dem Undurchsichtigen Einsicht.
Sie formt und festigt eine Fassung
bis sie Hand und Fuß hat.

Die Wahrheit indessen
öffnet sowohl offene
wie auch geschlossene Türen,
erbaut ebenfalls neue Räume,
wo zuvor keine gewesen,
denn sie sehnt sich nach Lebensraum.
Sie erscheint nicht
bei den bunten Theaterspielen
oder der Vorführung von Marionetten,
denn sie hält selber
sämtliche Fäden in ihren Händen.

Bahnfahrt durch die Gegenwart

Durch die Fahrten
verbinden sich unsere Bahnen.
Wir kommen als Passagiere zusammen,
nehmen unsere Plätze ein,
vergleichen unsere Ziele.
Lebensgeschichten stoßen auf einander,
teilen sich mit, wirken und lenken uns
in die eine oder andere Richtung.
Wir überbrücken für eine Zeit
Alter und Geschlecht,
Anschauung und Betrachtung,
Ziel und Zweck.
Wir weilen gelassen in uns,
mit alleine dem Ziel der Reise
in unseren Gedanken.

Ein Reisender steigt ein.
Er fährt zu einer neuen Begegnung,
während ein anderer
seine Vergangenheit hinter sich lässt,
ein dritter von ihr eingeholt wird
und ein vierter versucht
sie wett zumachen.

Zwischen Uhrzeiger und Bahnhofsschild
lassen wir Landschaften Revue passieren,
überlegen was wäre wenn?
Wir bekennen uns zu einer Reise,
die offenkundig und einladend ist,
vergessen Fremdseligkeit und Sorgen,
begegnen den anderen ohne zu bewerten

und ohne etwas zu bezwecken.

Vielleicht fahren wir zum selben Ziel
oder kommen vom selben Ort?
Vielleicht haben wir gemeinsame Freunde,
nur wissen wir es nicht?
Vielleicht begegnen wir uns wieder
auf einer anderen Fahrt und sind uns dann
irgendwie bekannt?

Sprachlos

Manchmal erscheint mir
dein „Muss" eher wie ein Wollen,
und dein Wollen im Grunde
wie ein Ich-würde-gern
und ich zögere, ob ich dich
lieber beim Wort nehmen
oder dem Sinn nach
hätte verstehen sollen.

Gelegentlich entschwebt mir
dein vermeintlicher Vorsatz,
denn deine Sprache wandelt sich
in unverständliche Sprüche
und verworrene Wendungen
ohne erkennbares Ziel.

Deine unschlüssige Miene
und deine schweigende Rede
verbergen dein wahres Gesicht
und ich frage mich:
kenne ich dich noch?

Ich verliebte mich einst

Ich verliebte mich einst
in den Hall deines Lachens,
in deine Offenherzigkeit
und in deine Tränen,
denn sie ergriffen mich.

Kurz danach
entdeckte ich dein Gemüt,
deine unberechenbaren Launen
und auch deine Flüche,
denn sie sprachen
mein Gewissen an.

Mit den Jahren
vernahm ich deine Gedanken,
spürte deine Aufrichtigkeit
und vertrug mich sogar
mit deinen Notlügen,
denn sie ließen mich
dein Wesen erblicken.

So wurde mir zuletzt
dein Mut zur Stütze
und deine Stärke bewusst,
denn sie hielten mich
im jedem Gegenwind
und in den tiefen Fluren
meiner Unwissenheit.

Das Werden von Wir

Durch deinen Blick
wurdest du
mir bewusst.
In deinem Wortlaut
vernahm ich
deine innere Stimme.
Ich umkreiste
deine Gedanken
und ankerte tief
in deinem Vertrauen.

Ohne dich wäre Ich
unerblüht und unentfaltet,
ärmer an Erkenntnis
und es fehlte mir Einsicht,
und Du fühltest dich
ebenso unerfüllt ohne mich.

Wir wollen
zu einer Einheit werden,
das Wir in uns wahrnehmen,
um es zu vermehren,
unsere Erdkugel
um ihre Achse drehen,
um sie zu bewegen.
Du und Ich sind:
Blickwinkel einer Sicht,
Äste einer Wünschelrute,
Strahlen eines Lichts.

Wenn ich in dir weile
und du in mir aufgehst,
wird das Unsere entfacht.
Das Wir kennt keinen Eigensinn
und keinen Unmut,
einzig Vielfalt und Einklang.

Hinter dem Berg

dringt ein weiches Kerzenlicht
durch die Dunkelheit der Nacht,

schwebt ein Regenbogen,
von bebenden Schauern
geboren,

wandert der Gesang
eines kleinen Vogels
durch tiefe Täler
und weite Wälder,

hallt ein Ruf,
der sich zwischen Felsenwänden geirrt
bis ihn ein Menschenohr erhört,

wächst eine spröde Blüte
mit winzigen Knospen
auf fruchtbarem Boden,
sehnt sich nach der Frühlingsglut,

fließt ein mächtiger Ozean,
das Wasser türkis und spiegelnd
von Sanddünen umarmt,
mühsame Tagesreisen entfernt,
dennoch in Träumen so nah.

Kodierte Botschaften

Ich schenkte dir meine Zuneigung
in Form einer Blume.
Du erwidertest mir dies
mit deinem offenen Lächeln
und einem Buch der Poesie.
Ich erzählte ein Märchen
mit verzauberten Gestalten
und du machtest große Augen.
Du hast aus einer Fabel vorgelesen
und wir lachten laut
über die lustigen Tiere
im menschlichen Zoo.

So begegneten wir uns
über Metaphern und Mutproben,
über Kreuzwege und Umwege,
um zu einander zu sprechen
in verdeckten Botschaften der Liebe.

Die Freihandelszone

Wie frei ist der Handel
in der Freihandelszone,
wo jede Ware gekauft und verkauft wird
für einen Preis –
doch bist du bereit
diesen Preis zu zahlen?

Wie weise ist die Wissensmanufaktur,
die verurteilt, was ihr fremd
und unbekannt erscheint
wohl wissend sie kennt es nicht?

Wie verantwortungsvoll
ist die gegenseitige Verteilung
zwischen Arm und Reich
wenn die meisten bloß im Äußeren suchen
die Schuld und die Schuldigen
und nicht die Freiheit
des reinen Gewissens?

Wie unparteiisch ist eine Gesellschaft,
welche polarisiert und politisiert
wenn wir nicht die Werte
von Einheit und Gemeinschaft wahren?

Welche beklemmende Energie
entspringt einem Kraftwerk
wenn es auf den Wachstumsweg
vom kollektiven Konsumismus
über Kinderleichen geht?

Mit welchem Zwie-Licht behelligt
eine Quecksilberlampe ihre Umwelt
wenn sie unsere Lebensdauer verkürzt
und die geäußerte Kritik der Konsumenten
zu generationsübergreifenden Gesundheitsschäden
von einer mächtigen Gemeinde
vorsorglich entsorgt wird?

Wie frei ist denn die Freiheit
wenn Sie durch Falschheit
den inneren Faden verliert?

Lebenszeit

Sie krümmt ohne Krümmungen
zu hinterlassen.
Sie rundet und trägt sich
wie ein unsichtbarer Ring.
Sie ist das funkelnde Gewölbe,
welches sich nächtlich erhebt,
um im Tageslicht
über Wolken zu gleiten.
Sie bahnt die Menschenhand
mit neigenden Tälern
und krönenden Gipfeln.
Sie spannt den Lebensbogen
und zeichnet feine Schlussstriche
am Handtellerrand.
Sie ruft deinen Namen.
Du wirst von Ihr gerufen.

Sie ist die Dimension des Raumes,
in dem du weilst,
das fließende Kontinuum,
das in dir strömt,
jene Einsicht
eines angetretenen Wanderpfades,
jene Erkenntnis,
zu welcher du gelangt bist.
Sie schließt deinen Wesenskern
in Ihrem Kreis ein
und webt aus ihm stärkende Fäden,
flicht Stränge und Seile,
die deine Segel im Winde halten,
die deine Träume tragen.

Sie steigt empor
und schwebt hinüber.
Sie ist das Zu-mir und Zu-dir,
das Hier und Jetzt.
Ihre Kraft entfesselt,
was in sich gefangen war,
weckt, was geschlummert hat,
bewegt was versteinert war
und erhört deine Bitte.
Du kannst Ihren Puls spüren.
Sie fühlt deinen Herzschlag.

Sie schöpft aus Ihrer Weisheit.
Die verfangenen Formen
der schweren Mauern
und der gemeißelten Gestalten
sind Ihrem Wesen fremd.
Dem Ersten und dem Letzten
ist Sie im Geiste erhoben.
Sie erbaut kein Ebenbild
in Marmorstein,
denn Wandel ist Ihr Zeichen
und Mut Ihr Muttermal.
Sie lädt Lichter und Schatten ein,
um auf errötetem Erdenboden
in Wirbeln und in Pirouetten
zu taumeln und zu tanzen.

Sie ist der anziehende Magnet
und die Leere, die Erfüllung sucht.
Sie ist Sehnsucht und Geborgenheit.
Sie ist das Schenken
ohne Geschenk und ohne Beschenkten,

denn sie hebt Gegensätze auf
und erschafft aus ihnen Gleichgewichte.
Sie ist, weil du Sie ersehnst.
Sie lebt, weil du liebst.

Sie führt dir vor Augen
die Schattierungen der Erde
und die Fülle der Farbenwelt.
Sie ist die drehende Himmelsscheibe,
zu der du hinaufschaust
sowie das feste Fundament,
auf dem du stehst.
Sie ist Wahrheit und Metapher,
als klare Stimme vernommen.

Sie entstammt nicht
dem Sog der tobenden Wasserfälle.
Sie läuft keiner Mündung entgegen.
Sie fließt unaufhörlich und uferlos,
denn sie ist der sprudelnde Mutterstrom,
der im Rauschen der Hoffnung
in dir emporsteigt.

Fürchte nicht!

Fürchte dich nicht
Fehler zu begehen sondern nur,
die Fehler, die du begehst,
nicht zu bemerken
und dich aus ihrer Falle heraus
nicht zu befreien.

Mache dir keine Gedanken,
was Leute womöglich
über dich denken,
denn wenn du versuchtest
zu verstehen, was sie denken
und wieso und worüber,
würdest du entdecken,
dass deine Befürchtungen
unbegründet waren
oder dass diese Menschen
deine Sorgen nicht wert sind.

Scheue nicht vor Wankelmut,
denn es ist ein Schwanken im Mut,
der sich aus eigener Kraft
aus seiner Bahn geworfen
und Schwindel erlitten hat.

In Momenten der Zuversicht
holst du die verloren geglaubte Zeit
wieder ein und du kürzt einen Weg ab,
den du zuvor für länger und schwerer
gehalten hast.

Größer als die bloße Summe

Gemeinsam entschlüpfen
zwei Individuen
dem Gitter ihrer Einsamkeit,
verstehen und verbünden sich,
lernen zu sehen
mit den Augen des andern,
lernen zu verstehen
und zu vernehmen.
Vereint im Verbund der Gefühle
versöhnen sich Querelen
und lösen sich Qualen,
denn vereint sind
gebündelte Kräfte
größer als ihre bloße Summe.
Wir bezeugen Blicke
von Vertrautheit und Freude.
Keine Sprache bleibt uns fremd,
denn wir sind im Gespräch
mit dem Geschehen.
Zusammen bewegen wir
uns auf einander zu
und werden ein WIR.

Wenn ..

Wenn ich mich im eigenen Kreise drehe
erleide ich Schwindel,
verliere ich den Boden
und dann meine Mitte.

Wenn ich zu weit gehe,
überhole ich jemanden auf meinen Weg
ohne ihn zu bemerken
denn ich sehe nur mich.

Wenn ich außer mir bin,
schieße ich auf alle Spatzen,
falle ich aus meiner Rolle
und so in meine eigene Ohnmacht.

Wenn ich wieder bei mir bin,
ticken alle Uhren richtig,
schmecken die Brötchen neugebacken,
scheint mir der Himmel indigoblau.

Wenn ich über die Berge gehe,
ist mir die Weite unmittelbar,
kommt mir die Welt zum Greifen nah,
sind meine Ziele in Sicht.

ZWISCHEN

Zwischen dem Felsen und dem Abgrund
finde ich
einen Weg der ins Tal führt.

Zwischen den hohen Himmelswolken
erkenne ich
die Gestalt der Erde.

Zwischen der Vergangenheit und der Zukunft
verstehe ich
den Sinn des Augenblicks.

Zwischen Leidenschaft und Mitgefühl
entschlüssele ich
wundervolle Wünsche.

Zwischen dem Du und dem Ich
erbaue ich
Beziehungen mit tiefem Sinn.

Zwischen Zuversicht und Angst
wage ich
einen mutigen Schritt.

Der unsichtbare Leitsteg

Der unsichtbare Leitsteg
ist der, dessen Richtung du ahnst.
Nicht du gehst ihn,
sondern er ist es,
der deine Schritte begleitet.
Er führt dich nicht
und gibt nicht vor,
dennoch folgst du seinem Pfad.
Wenn du stolperst,
fängt er dich
und gibt dir Halt.
Er bereitet dir
die eigene Entscheidung vor
und lässt dir die Wahl.
Allein im Rückblick erkennst du
in welche Spuren du getreten bist
und welche Bahn
du zurückgelegt hast.

Der Bambusbaum

Hast du den Bambusbaum im Garten
mit Sorgfalt betrachtet,
seine inneres Wesen gespürt,
seine Standkraft erkannt?
Schaue die grünen Töne,
die durch seine Blätter rieseln.
Lausche seiner Stimme nach,
wie sie im Winde rasselt,
wie sie das Hohlwerk beatmet
und durch seinen Rohrstamm
trommelt und flötet.

Im Sturm ist er furchtlos.
Er weiß wie man Ohnmacht
durch Widerspenstigkeit begegnet.
Im Auge des Orkans biegt er sich,
folgt mit seiner Haltung
der Richtung des Windes,
während seine Wurzeln
sich mit der Erde verbinden.
Sobald der Wind abgenommen hat,
erhebt er sich vom Boden, steht wieder
unversehrt und unverfroren
der aufbrausenden Natur gegenüber.

Unter der brennenden Sonne
streckt er seine Blätter aus
und verschenkt Geflecht.
Seine Stämme formen ein Schild
um dein Gehege und verteidigen es
gegen die tobende Außenwelt.

Zum ersten mal Fahrrad fahren

Kannst du dich noch erinnern, wie du als Kind zum ersten Mal ein Fahrrad bestiegen hast, an den Moment, in dem die großen Räder sich drehten und dein Fahrrad nach vorne bewegten? Siehst du noch das Glück im Gesicht deiner Eltern, als sie dich strahlend die Straße hinunter rasen sahen?

Noch bevor du angefangen hast zu treten, erinnerst du dich noch an die Angst auf den Boden zu fallen, an den Unmut nicht im Gleichgewicht zu sein, wie dann dein Vater die Lenkstange nahm und das Fahrrad langsam anschob, während du im Sattel immer schneller und mit ganzer Kraft die Pedalen tratest?

So ließ er Lenkstange und Sattel los, blieb auf der Straße stehen ohne dass du es merktest. Du warst in diesem Augenblick Fahrt und Fahrzeug, Bewegung und Bewegtsein zugleich. Du kanntest Angst und hast sie aus eigener Kraft überwunden.

Seitdem hast du viele scheinbare Hindernisse und Herausforderungen gemeistert. Beginne deine Fahrt immer mit Zuversicht, denn die meisten Hindernisse sind nicht so schlimm wie zuerst gedacht. Erinnere dich immer wie du zum ersten Mal Fahrrad gefahren bist.

ENGLISCHE GEDICHTE UND GESCHICHTEN

ENGLISH POEMS AND SHORT STORIES

A far Memory

A memory so vivid,
        although I know
                I have not lived it.

A tune sounds inside.
        It swells to a melody
                new to my senses.

A thought forms,
        a message is conveyed -
                    inspired.

An idea grows,
        a story is told,
                through emotions.

A sudden impulse
        lets me discover
                the unexpected.

A vision takes shape
        in symbols, in signs
                to be unveiled.

Spheres come to connect

A piece of advice
full of wisdom, received in the moment
most needed.

An encounter
with someone, who startled your heart
at the right time and place.

A story
you heard a thousand times
not recalling who told it to start with.

An imminent thought
of an old childhood friend just before
you happen to meet him.

A glimpse
of events lying ahead that eventually
come true.

A number
of successive and linked events
you would later call a miracle.

A crossroad
above and beyond the here and now
where spheres come to connect.

Sadly forgotten

Sadly remembered my trivial past
     sadly forgotten its subtle lessons

I remarked the stain on your bluish shirt,
     mindless of my off-key tone

I peered on your flaws under focal light,
     my somberness neatly concealed

I pledged for brotherhood and understanding
     in a fervent monologue speech

I marveled at the stars on a shiny pedestal
     overlooking the born torches

Of recurring loops of "what he and she said"
     I threw a bottle with a message

I poised over step-stones of a rushing river
     swayed and fell into its current

I followed a staked-out forest trail
     when I lost my inner bearings

Co-incidence

What is coincidence
but meeting the right person
at the right time and place.

What is coincidence
but receiving a piece of advice
at the moment you most need it.

What is a miracle
other than a series of seemingly
unlikely coincidences,
having a profound impact
on your life.

What is coincidence
but the synchronicity of energy
in time and space.

What is coincidence
but an inherent part
of your Destiny.

The Cascade

In sounds of the forest,
    its rippling creeks,
        flowing rivers,
            rushing falls,
I knew the chant of joy.

In a peaceful garden,
    amid flower beds
      with scents and shades
          so benevolent,
I renewed my senses.

In between lines
    of stories and legends,
        where magic resides
          and wonders live,
I spelled letters of faith.

By streams of thoughts
    rendered in devotion,
        triggered by faith,
          for a cause,
I sensed a soothing caress.

In thousand dreams,
    colors so sparkling,
        light so luminous,
          bliss so intense,
I walked with Guardian Spirits.

Do you remember when you learned to ride the bicycle?

Do you remember when as a child you learned to ride the bicycle? Do you remember the moment when you were pedaling without any help by your own means? Do you remember the joy, your laughter and the joy of your parents as they watched you pedal down the street with your bicycle? Have you ever wondered why this specific childhood memory lingers in your mind after all these years?

Just before you started pedaling, do you remember the fear you had of falling on the ground and the disappointment you felt of not being able to keep the balance on your bike, … how your father held the handlebar at first and then slowly pushed your bike as you were pedaling?
All of a sudden your father said, "keep pedaling. I am behind you". You trusted your father and did not notice at first, that you were riding the bike all by yourself.

Since that moment, you know how to ride a bike. You will always remember the emotion of the day you learned how to ride a bike. Your memory tells us a story how trust and faith can make us accomplish, a seemingly impossible task and how the love of your parents made you overcome this fear.

Since then, I am sure that you have faced and mastered many other, seemingly impossible tasks. Most tasks are not as impossible as they may seem at first glance. Always remember when as a child you learned to ride the bicycle.

The bamboo tree

Have you observed the bamboo tree in your garden during the day? Marvel at the faint beams of lights creating multiple facets of greenish colors. Listen to the wind slightly stirring the wood of the bamboo tree, developing a soft, rhythmic sound like the tambourine.

Have you seen the flexibility of the bamboo tree in a storm? See how the bamboo bends to the ground and then stands up, as if nothing occurred. The bamboo tree can shield you from disturbing noises and the stress of the city.

The bamboo tree can provide the foundation of your house and furniture. Strong bamboo trees can hold your hammock or protect your animal stock. You can elaborate useful tools and a hunter`s weapons from the branches of your bamboo tree.

Which tree can be beaten to the ground and stand up with the swiftness of the bamboo. Which tree possesses the strength and flexibility of the bamboo? Grasp the wisdom and the beauty of the bamboo tree in your garden!

They shed the Light

Twinkling stars light the evening sky.
Soft moonlight shines on my shoulders.
I sense the powerful presence of sun.
They shed such light.

I watch Venus and Mars arise
to join in spirit the horizon of dawn,
to witness the birth of mankind.
They reflect the light.

Young deer browse in a clearing.
A squirrel rests on a tree branch.
A beaver glides through the lake.
They provide serenity.

I hear wedding bells ring.
Listen to birds' chant in the morning!
I relish in children´s cheerful laughter.
They spread such joy.

Scents of chamomile and mint,
benevolent offspring of soul nature,
soothe and cure the mind.
They give relief.

I see a couple falling in love,
exchanging vows of affection.
They render in a spiritual fusion.
They shed their hearts.

A child enfolds by affectionate hands.
A woman looks to the wounds of a man.
The wise elder says words of healing.
They sense the light.

I once fell in Love

I once fell in love
with your cheerful laughter,
your openhearted smile
and even with the stream of your tears.

Soon thereafter,
I fell in love with your moods,
with you unpredictable temper,
and even with your curses
for I soon grew fond
of each one of them.

As time went by,
I fell in love with your tactfulness,
with your fearless honesty
and even with your white lies,
for through them, I realized
your every breath of expression,
for I longed so to understand
the depth of your heart.

As I grew older and wiser,
I was moved by your courage
and by your inner strength.
And one day, I unveiled
a flame of light in you heart
and I knew it was
the spark of compassion
that had kept me warm a life time
without me knowing it.

As I gained maturity of life,
I clearly discerned
the virtues that had pertained to you
and that through the current of time,
had touched the hearts
of so many lives.

Something

in your gaze,
          confuses me within.

in your rhythm,
          triggers beats of mine.

in your tunes,
          sings a song in me.

in your tone of voice,
          trembles my fences.

in the way you talk,
          heals by simple words.

in the way you laugh,
          my smile cannot withhold.

I follow your Course[1]

The glance you shed
I followed its course
advent of a breeze -
curving mighty dunes
embracing the ocean

Each day I listened
timbres of your sound -
joyous tambourine
sullen violin
my hypnotic drum

Your laughter echoed
spread by candlelight
cascaded in falls
trumpeted my veins
trembled my senses

_____

[1] Tanka poem

In between

the cliffs and the abyss,
I recognize a road
descending to a valley.

the clouds of sky,
I grasp the shapes
of the earthly sphere.

dawn and dusk,
I count the hours
that break and repair.

the past and future,
I grasp the meaning
of each moment.

passion and compassion,
I unravel
human wishes and wonders.

tragedy and comedy,
I realize the drama
of unforeseen illusions.

the You and Me,
I tie bonds
with purpose.

faith and fear,
I take a firm step
with courage.

The lost Handkerchief

My satin handkerchief,
embroidered with family letter initials
dropped to the marble floor,
yet I remained effervescent
with delightful desires,
imagining my perished piece
coming boldly rescued
and returned to me in person
by firm, delicate hands able to -
caress by eloquence,
effuse warmth of trust,
return brightness to a room
bereft of daylight,
fuse magnolia freshness
to an atmosphere of abandon,
make home a gleeful home,
a sojourn solemn in itself,
render my incompleteness complete
in dreams turned real.
If I was sorry to have lost
my cherished handkerchief,
I hesitate to say.

Shades of Green

Green shades of nature
conceived my flesh and bone.

By fruits so mellow and rich,
I tasted earth benevolence.

Amid waving bushes and grass,
small berries stilled my hunger.

In the crystal waters of a lake,
I washed my deep wounds.

Cushioned by surrounding hills,
I inhaled the air of confidence.

Beneath shielding palm leaves,
I sensed light of forgiveness.

Through the green of herbs,
I experienced powers of healing.

Harboured by moon-lit clearings,
fires sparked so golden bright.

Sheltered by the Great Forest,
my soul immersed in peace.

Tide of life

What is the high tide without the low tide,
a rose without its thorns,
the unicorn without its horns,
Eros without his piercing arrows,
light without darkness and shadows,
a teacher without his pupils,
experience without errors,
confidence without shyness,
faith without fear
and life without moment of sorrow?

You are living the tide of life.
For sunrise must follow the night.
Flood tide will inevitably follow on ebb.
Happiness will follow
on sadness and sorrow.
Love can conquer both fear and hate
but could not grow if there was no fear
for love grows by tests of endurance.

GEDICHTE AUF SPANISCH

POEMAS EN ESPANOL

La llave de nuestra confianza

A veces vislumbro
tus pensamientos a pesar de que
no nos conocemos de verdad
pero no me atrevo a decirlo
porque todavía no hemos encontrado
la llave de nuestra confianza.

En otras circunstancias
oigo palabras no habladas,
pillo miradas que me hablan
sin rodeos pero vacilo
porque no nos conocemos así bien
para dar un paso al improviso.

Ya, en ciertos momentos
te contemplo a ti y tu mundo
y comenzamos a hablar sin tabúes
cuestionando nuestras dudas,
dando a nuestro íntimo
el valor y la importancia
que nos hace tanta falta
como si nos conociéramos
desde siempre.
Estos momentos son para mí
tan caros como liberadores.

Piezas de vida

A los cinco años construí
los juguetes de mi fantasía
con piezas elementales,
provenientes de un cajón mágico.

Construí un pequeño automóvil
que corría sin límites por el pasillo,
brillando en color carmín.
Cuando tocaba la sirena
el tráfico me daba prioridad.

Construí una locomotora de vapor
de cuya chimenea brotaba una niebla.
La locomotora invitaba a subir
a los pasajeros a lo largo de las vías
y los dejaba en la próxima parada.
A veces, desviaba su camino,
cansada de seguir la ruta.

Fabriqué un avioncito y lo tomé
delicadamente entre mis dedos.
Juntos volamos en órbitas distantes,
sobre mi cama, el suelo
cubierto de soldados de plomo,
entre los arbustros del jardin,
perdiéndonos muchas veces
en lo alto de los arboles.

A los cinco años
equipé una nave espacial
que acompañaría
la trayectoria de mi vida.

Somos unidos

Somos unidos
por un cordón invisible,
que enlaza el átomo con la suma mayor,
alimentando el nuestro.

Somos unidos
como los arroyuelos del altiplano
que nacieron a los pies de una cascada,
como dos pájaros de un mismo nido
que juntos aprendieron a volar.

Tenemos nuestra origen
en la misma tierra,
con sus raices y brotes,
sus semillas y su mineral.
Fuimos concebidos por ella,
bautizados en sus aguas.

Somos sogas entrelazadas
por momentos compartidos
de alegría o de tristeza.
Aunque los tonos
sean en colores diferentes,
tocan las mismas cuerdas
de un solo corazón.

Nos rendimos a la misma esperanza,
a las mismas llamas, irrupciones
y a las mismas fogosidades.
Pues así como provocamos la ira,
también iluminamos nuestro entorno.

Somos unidos
desde el principio hasta el fin,
en una cavalgata colorida
que llamamos la vida.

Para pensarlo

Cuando la etiqueta le hace a uno elegante,
cuando todos conocen los ritos
pero pocos el sentido y la razón,
cuando lo aprendido de memoria
se califica como conocimiento
sin llamar la mínima atención,
cuando el grado de fama
se confunde con el carácter,
cuando se evitan cuestiones inquietantes
y preguntas penetrantes
porque son inoportunas,
no nos equivocamos de ruta?

Signos animados

El punto de la frase no pone el final.
Solamente hace una pequeña pausa
y después sigue el rumbo
de la idea principal.
La coma sin embargo,
junta todas las facetas de un dado
y lo lanza al pleno acontecimiento.
Ahí se pronuncia el guión:
"Yo también quiero jugar con Ustedes"
y los compañeros lo dejan entrar
en el círculo de los signos.
Llega también un poco atrasado
el pequeño paréntesis gordito
(pero insiste en jugar
con sus proprios juguetes).
Los puntos gemelos gritan: "Míranos!
Somos rebeldes. Solamente nosotros
decimos la verdad".
Los puntitos suspensivos declaran con ardor:
"¡Olviden a esos estúpidos! Somos modernos.
Gañamos siempre por puntos en cada partida".
"¿Por qué sois todos tan distintos
de carácter y de comportamiento?"
cuestiona el interrogante.
"Porque son las reglas de nuestro alfabeto"
responde el signo de exclamación,
pronunciando así la última palabra.

Lección de historia

A veces una falsificación maestra
es una historia intrigante
y a veces una historia
es una falsificación auténtica.

¿Cuando una minoría
detecta en ella una mentira,
de punto de vista político
no sería más prudente
y también mas ventajoso
llamarla una historia?
Yo cuento la mía y tú la tuya
sin preocupaciones ni pretensiones.
Y así nos regalamos
con deliciosas tartas cremosas
de base digestible
y fachada decorativa.

Hoy en día la simplicidad y la verdad
juegan al gato y al ratón,
las historias mejor contadas
se pronuncian en el podium
y en las clases de educación.

Al montar en bicicleta ..

¿Te acuerdas cuando eras niño
y por primera vez anduviste en bicicleta
– del momento en que
las ruedas gigantes giraban
por tu proprio esfuerzo,
impulsándote hacia adelante?
¿Ves aún la expresión de alegría
en las caras de tus padres
al verte bajar por el camino
tan lleno de confianza?

¿Te acuerdas del susto que te diste
al caerte al suelo y la impaciencia
que sentiste al no estar en equilibrio?
¿Te acuerdas de como tu padre
sujetaba con una mano el manillar
y con la otra empujaba tu bicicleta,
mientras tú pedaleabas con toda fuerza
de tus pequeñas piernas?
¿Y como de repente él te soltó
sin que tu lo notaras?

Fuiste en este momento
marcha y escape, moción y emoción.
Conociste tu primer miedo y lo superaste.

Acuérdate siempre cuando
por primera vez anduviste en bicicleta!

Cuando el dia se vuelve noche

Conozco sueños
que se me escapan al despertar,
que entran y no me dejan,
que me envuelven y no devuelven,
que construyen y mantienen.

Existen sueños
que agarran y otros que resuelven,
y aquellos que guardamos
no sabiendo que nos alimentan.

Hay sueños
que amanecen
cuando el día renace,
que se comunican por lo vivido,
que te iluminam a cada paso.

Hay sueños
que traspasan los tiempos,
que superan todo espacio
y cuya grandeza
no se deja alcanzar.

Conozco sueños
en ti y gracias a tí,
en mi y a través de mí,
porque son tu sangre
y mi semilla.

GEDICHT AUF SCHWEDISCH

DIKT PÅ SVENSKA

Mitt modersmål

Mitt modersmål
är det första språk
som jag förstod och tog till mig,
den navelsträng som gav mig
min första näring,
den barm min mor skänkte mig mjölk i,
den värme jag kände kring bröstet
när min far bar min barndom
på sina stadiga axlar.

Mitt modersmål
är det mål som jag yttrade orden
"jag vill" och"jag älskar" på,
det sätt som jag lärde mig att buga på
och sedan att säga "farväl".

Mitt modersmål
är de viskningar jag förnimmade
vindiga vinternätter
och de visor som ledsagade mig
ljumma sommardagar,
de resor som blev min berättelse,
den rymd och de inre rumm
som mina drömmar kom att fylla.

Mitt modersmål
är de vishetsord som jag levde efter.
Och när jag levde denna vishet
tog den form och gestalt
och blev till mitt livsmärke.